JN439044

슬픔을 모아 불 지펴요

김도희 시집

슬픔을 모아 불 지펴요

초판인쇄 2023년 6월 19일
초판발행 2023년 7월 3일

지은이_ 김도희
발행인_ 이현자
발행처_ 도서출판 현자

등　록_ 제 2-1884호 (1994.12.26)
주　소_ (우)04550 서울시 중구 수표로 50-1(을지로3가, 4층)
전　화_ (02) 2278-4239
팩　스_ (02) 2278-4286
E-mail_001hyunja@hanmail.net

값 11,000원

ISBN 978-89-94820-87-3　03810

슬픔을 모아 불 지펴요

김도희 시집

도서출판 연자

| 시인의 말 |

시를 쓰는 것은
어둠 속에서
별을 낳는 일

슬프지 않으려
생각의 씨앗들
가슴에 묻어두었다

문득
어둠에 묻힌 말들을 깨워
아프게 반짝이는
주문을 왼다

2023년 6월
김도희

1부 아픔을 그리다

2부 명자 꽃잎 하나

3부 흔들리는 눈빛

4부 나무와 새

1부

아픔을 그리다

봄을 앓다

간혹
너의 안부를 물어오는 사람이
있었다

그런 날이면
자궁에 슬픈 혹이 자랐다

벚나무 가지에
봄비가 맺혀 부풀었다

라일락의 방 한 칸

아침이면 두부장수 종소리 울리고
공동 화장실이 있던 미아동 852번지

청춘이면 뭐든 다 괜찮아
사랑 하나면 다 되는 줄 알았지

유리창에 햇살이 비치면
그 남자 하루 배달을 시작하고
그 여자 종일 설거지통에서 꿈을 건졌지

오토바이가 빗길에 미끄러지던 날
운명은 그들 편이 아니었나 봐

쪽방 앞 라일락
마지막 꽃잎 뚝뚝 떨어트렸지

아버지가 가렵다

복숭아밭 지날 때
달짝지근한 향내가 발을 붙잡았다

노을도 분홍빛으로 익어갈 때
바람에 복숭아 떨어지듯
아버지가 쓰러졌다

목욕탕 바닥에 부딪힌 얼굴에
낙과처럼 짓무른 상처

아버지가 좋아하시던 복숭아 먹을 때마다
피부가 울퉁불퉁 부풀어 올랐다

껍질을 벗겨내도
온몸이 가려웠다

원래 좋은 것들에게는 벌레가
꼬인단다

늘 마음 단단히 먹고 살아라,
속살 깊이 근질거렸다

가지 끝에 매달린 복숭아처럼
장마가 두려운 여름이었다

그녀의 방식

한랭전선과 온난전선 사이에
끼어버린 밤

쇄골뼈에 묻어 둔 까마귀
불러내
칠흑 같은 노래를 만들어요

오선지에 그려 넣은 음표들
까악까악 울음으로 깨어나는 시간

거울 속 그림자와 화음을 맞춰보는 건
그녀의 방식이에요

알 속에 넣어둔 내일이 곪아가도
무한반복의 도돌이표를
벗어날 수 없어요

쓸모없는 별들은 빨리 지울수록
가벼워

매번 달라지는 마음 어떻게
붙들어 놓을까요

매일 밤 까마귀 깃털로 엮은
그물에 갇히곤 해요

데칼코마니

독립한 딸의 초대를 받았다
한 칸짜리 아파트로 이사한 지 한 달
방안은 온통 무지개가 떴다

토마토, 가지, 호박을 어설프게 썰어
나란히 오븐에 굽고
식탁에 차려낸 라따뚜이*

오늘은 앉아 대접만 받으란다

음식을 사이에 두고 마주앉았다
한쪽은 조금씩 꽃잎을 접고
한쪽은 이제 막 봉우리 열기 시작한

서로 마주보며 웃는데
햇빛이 접었다 펼쳐놓은 저녁
이마에 닮은 노을 무늬 새겨진다

*라따뚜이: 프랑스 프로방스 지역의 대표 요리, 가볍게 휘저어주다,
가볍게 섞다라는 뜻도 있음.

도돌이표

참았던 눈물이 번지려 할 땐
16번 마을버스를 타요

먼지를 뒤집어쓴 조화들이
서로에게 기대 앉아 있는
정류장을 지나쳐요

감나무 있는 카페 베리빈을 지나
냉면 파는 왕눈이 식당을 지나
노선도 반쯤 지워져 있는
정류소에 잠시 멈춰 서기도 했어요

눈만 내리면 회차를 하던
중년의 오르막길 지나
인생의 허리쯤으로 접어 들었어요

버스는 골목골목을 돌아
50대를 지나가고 있어요

흔들리는 마음을 의자에 남겨 두고
출발했던 제자리로 다시 돌아와요

놓치다

섬진강변에서 직접 키운
싱싱한 두릅이며 취나물
계절마다 보내 주었지요

언제 밥 한번 먹자 했지요
꽃이 피면 만나자 했지요

산수유 꽃 필 때 날아온 비보
꽃 지듯 져버린 사람
계절이 몇 번 남지 않았다는 걸
왜 몰랐을까요

봄비처럼 스며들던 그 사람
문자 한 통 확인하는 사이
기운 어깨가 다 젖었어요

오고 가는 꽃만 기다리다가
봄을 그만 놓치고 말았어요

아픔을 그리다

-프리다 칼로*

검붉은 드레스 입고 인형처럼 누워
천장 가득한 거울을 올려다본다

청동빛 녹슨 눈망울에
거울에 갇힌 굴절된 얼굴을
무표정한 보랏빛으로 그려 낸다

잃어버린 몸통, 뒤엉킨 신경뭉치,
바람의 손가락들, 네모난 별

흘러내리는 슬픔의 기억
고통을 녹여 물감 풀어내듯이

색깔마다 다른 이야기
자화상이 태어난다

*프리다 칼로: 삶의 고통을 작품으로 승화시킨 초현실주의 멕시코의 화가

감꽃 떨어질 때

그늘이 깊어가는 초여름
떨어지는 감꽃 엮어 목걸이를
만들었다

담 밑 펌프는 목마르게
마중물을 기다리고
세숫대야에 더운 바람이
발을 담갔다

눈이 큰 황소가 울면
아버지는 꼴을 한 아름
여물통에 얹어주셨다

우렁이 죽순 초무침을
상에 펼쳐놓던 어머니

안테나 부러진 라디오 켜면
마당의 햇볕이 반짝이며 노래를
따라 불렀다

감꽃은 투둑투둑
장독 항아리에 떨어져 쌓였다

동백 미장원

꽃무늬 원피스 할머니
유모차 밀고 들어와
의자에 앉으신다

-어떻게 해드릴까요?

-십 년만 더 젊게 해줘!
-무조건 예뻐 보이게!

물기 빠져버린 입술에
동백꽃 지고
벌어진 앞니 사이로
가벼운 농담이 새어 나온다

-강물은 흐르고 꽃은 시드는데 말이야
-마음은 아직도 열여덟 꽃봉오리야

빛바랜 머릿결마다
꽃물을 다시 들이고

꾸벅꾸벅 꿈길을 걷는 할머니

창밖으로 봄바람이
백설희의 봄날은 간다를
흥얼거리며 지나간다

어반스케치

길 위에 미술도구 펼쳐놓고
그림을 그린다
오늘 미션은 오래된 대문 그리기

몇 개의 점과 선이 어울려
금세 나무가 자라고
대문 풍경이 사진처럼 찍힌다

햇빛이 반사되는 집
그림자 쫓아
손의 터치가 빨라진다

그녀의 원근법은
이야기가 살아 있다

낡은 대문
형형색색의 지붕
잊힌 사연 찾아 거리를 그린다

마음 더듬이로
돋아낸
색감이 다정하다

물에 풀린 파랑이 곱다는 그녀
또 어디에 도화지 펼쳐 놓고
오늘의 이야기 채색하고 있나

꽃 도둑

새를 좋아하는 여자는 시를 쓰고
꽃만 보는 여자는 꽃을 그리고
나비 쫓는 여자는 소설을 쓴다

세 여자의 취미는 압화,
어디를 가든 꽃만 보면
몰래 뜯어 책갈피에 담는다

꽃잎이 말라가는 시간
기다리던 첫눈이 오면
새의 시집, 꽃의 그림책
나비의 소설이 탄생할 것이다

제목은 꽃 도둑

향기로운 망리단길

머리가 부스스한 상수 씨
오늘은 일용직 되어
과일 박스를 나르고 있다

한쪽 구석 바구니엔
물러터진 복숭아

유행을 타고 밀려왔다가
파도를 잃어버린 지 얼마일까
벌레 먹은 날들을 도려내면서
버티는 하루하루

몇 달은 식당 사장으로
몇 달은 술집 종업원,
또 어느 날은 카페 아르바이트생,
머뭇거릴 사이도 없이
흠집이 난 명함들

호시절이 끝난 망리단길
새롭게 단장하는 간판 아래
썩은 과일 향이 퍼져간다

슬픔을 모아 불 지펴요

흔들리는 코스모스의 말을 전할 수 있을까요
지금은 모든 것이 위태로워 안부를 묻기도
버거운데 말이죠

도둑맞은 시간처럼 하루가 빨리 지나가요
눈물 마른 억새꽃은 과거 쪽으로 누워 있고요
단풍나무 씨앗들은 후회의 둘레를 빙빙 돌고 있는데

꽃무릇과 함께 사라진 계절은
이따금 슬픔을 모아 불 지펴요

이 붉은 단풍을 당신께 전할 수 있을까요
오늘은 겨우 익혀낸 사과의 얼굴을
바라보기도 힘든데 말이죠

단풍도 보아야 하고 억새 숲도 걸어야 하는데
뜨겁게 물드는 저 노을, 노을에 물든
당신의 계절이 내 슬픔을 불러내고 있어요

신리성지

적막한 바람이 가득하다
문도 창도 없는 경당,

순교자 이름을 하나하나 읽어내려 가다
'김도희'
내 이름 앞에 눈길 멎는다

도희는 눈 감는 순간 천국을 보았을까
흔들리지 않는 믿음 위해 시험 이겨내고
무릎을 꿇었을까

슬쩍 건드리기만 해도
풀썩 주저앉을 뼈아픈 영혼

바람 가득한 빈터에 서서
이미 사라진 김도희를 위해
두 손 모아 기도한다

2부

명자 꽃잎 하나

탈피

여름 한낮
맥문동 그늘에서 매미는 껍질을 벗는다

쪼그라든 폐 키우려 종일
보랏빛 입술로 기침하는 남자

폐 절반이 잘려나갔다

국립마산병원 302호
슬픔 유전자 벗으려고
꽃에 매달린 매미를 생각한다

껍질을 벗어 버리고
힘차게 날아오르는 울음
한낮의 정적을 깬다

아버지

날개도 없이 돌아간다
벽에 걸어 둔 선풍기 수십 대

바람은 사라지고 몸체만
시간 속에 돌아가고 있다

날개 잃고 누워만 있던
아버지를 닮았다

사력을 다해
움직이려 애쓰던 아버지

누가 날개를 빼앗아갔나

현대 미술관 벽에
아버지 매달려 돌아가고 있다

시 한 송이

드라이플라워 꽃집 앞에서 만난
핼쑥한 그녀 얼굴

몸속 외진 곳에
붉은 용종 한 송이 피었다며
가늘게 떨던 손

주름진 입술 푸르스름하게 번지고
마른 꽃잎처럼 접혀진 몸
둥근 모자 눌러쓰고

시 낭독을 할 때면
바닥에 툭툭 지던
떨리는 목소리

태어나는 것은 모두 시라며
봄 오면 동백꽃 보러 가자던
동백꽃 그녀

흔들리는 남자

창천동 오르막길
목발 짚고 걷는다

시멘트 틈으로 올라온 민들레를 지나
낡은 벽에 걸어둔 깨진 거울을 지나

가장이라는 짐을 지고
뒤죽박죽 쌓아 놓은 고물 사이로
휘청거리며 걸음 옮긴다

찌그러진 깡통과 깨진 고무 대야
고장 난 텔레비전과 목이 꺾인 선풍기
창천동 그 길에는 고물들만 모여들고

리어카에 실려 온 폐지들을
구석 옹벽 앞에 쌓으면서
목발이 더 가늘어졌다

명자 꽃 잎 하나

십 년 전 딸이 사다 준
노을빛 립스틱

입술에 발라볼 여유도 없이
화장대 서랍에 아껴만 두다가

세상 눈 감는 날
입술엔 빨간 명자꽃 한 잎

생전 처음으로 피어난
꽃처럼 고운 얼굴

예쁜 머리하는 집

손님 없는 오후
거울 앞에 습작노트
펼쳐놓는다

손마디 새겨진 흉터마다
시린 말들이 숨어 있을 듯한데
뚫어져라 바라보아도
문은 열리지 않는다

거울 속엔 기울기가 다른 어깨
어긋나는 시행들

만남을 이야기하면 이별이 오고
행복을 쓰려하면 불행이 기록되는

들쑥날쑥한 글자에도
제멋대로 뻗치는 단어에도
어떻게 부드러운 웨이브 줄 수 있을까

아름다운 문장으로 다듬어보지만
맥없이 잘려나간 낱말들만 수북하다

이름 변천사

내 이름은 미숙이었다
같은 반에 미숙이가 셋 있었다
큰 미숙, 중간 미숙, 작은 미숙,
그중 나는 덩치가 가장 작았다

초등학교 3학년 봄
아버지 동사무소 다녀온 날
내 이름은 '미순'이가 되었다

'ㄱ'과 'ㄴ' 자음 하나를 바꿨을 뿐인데
몸짓도 목소리도 전보다 부드러워졌다

어른이 된 후
작명원을 하던 한 남자
"안 맞는 이름을 가지고 왜 살아, 바꿔야 안 아파"

갑상선 수술을 한 뒤라
그 후 내 이름은 '도희'로 바뀌었다

누구는 한 이름으로 평생을 산다는데
세 번이나 바뀐 이름

쓰지 않고 서랍 깊이 넣어둔
두 개의 이름을 꺼내
수건으로 닦는 그런 밤이 있다

천성암

달빛 매화 향기
고요한 암자

컹컹 개 짖는 소리
산을 흔드는 봄밤

보살님
시 쓰듯 덖어낸 구증구포
뽕잎차 마시다 보면

구름처럼 둥실 떠오를 것 같은
사월의 달밤

대숲에 사그락대는 바람
자비롭게 잠드는 천성암

벚꽃 내리다

으슥한 산길에
돌무덤 하나

가지 뒤틀린
벚나무 하나

뇌종양 앓다가
한순간에 져버린
너

날아가려는
벚꽃 위에

이승의 기억
잊지 마라

돌 하나 눌러두고
뒤돌아서 내려온다

컬러링북

야광별이 떠 있는
방이 하나 있어요

오늘은 보라색으로 그림책을 색칠해요
무릎에 돋아 난 멍 자국을 그리기도 하고요
나무를 감고 있는 나팔꽃을 그려 넣어요

종이인형에 어울리는 원피스를 오려
갈아입혀 놓고요
리듬에 맞춰 허밍으로 노래를 불러요

음정이 정확할 필요는 없어요
비뚤게 칠해진 그림도 탓하지 않아요

이별을 생각하며 넘어진 꽃에 대한
시를 쓰기도 해요

어른으로 살아가는 고단함
잠시 지우고

무엇이든 상상할 수 있는
나만의 방으로 들어가요

책방골목

–부산 보수동

책장에 꽂혀있는
『죽은 왕녀를 위한 파반느』 소설이 나를 반기고
『고양이가 돌아오는 저녁』 시집이 눈길을 끈다

한때는 나를 두근거리게 하고
슬픈 이별을 위로해주기도 했던
책들이 가지런히 꽂혀있다

우연히 뽑아 든
'바다는 잘 있습니다' 첫 페이지에
'보고 싶다'라고 적어 놓은 글씨

헌 책방의 종이 냄새와 함께
누군가의 손때 묻은 이야기가
고스란히 가슴 깊이 파고들었다

만손초

만손초를 키우면 부자가 된다며
종이컵에 작은 씨앗을 손님이 가져왔다

화분에 옮겨 심고
매일 기다려도 잎이 올라올 기미가 없다

개나리꽃 몽우리 부풀 때쯤
작은 잎 하나 고개 내밀더니
며칠 만에 연둣빛으로 가득하다

잎들이 어찌나 빠르게 크는지
감당이 안될 만큼 여기 저기
돋아나 번진다

끝없이 낳고 낳는 화수분처럼
점점 손님도 많아진다

만손초 이름값을 한다

사내가 운다

–톱연주

온몸으로 운다

뒤틀린 어깨, 거친 등
그을린 얼굴
울퉁불퉁 드러난 이

가슴 언저리 쓰다듬듯
등허리 어루만지듯
활대 잡은 손을 떨며
사내가 흐느낀다

소리가 울고 톱날이 떨리고
풀잎 같은 여자 앞에서
꽃 같은 아이들 앞에서
온몸으로 운다

덮어둔 일기장을 펼쳐 읽다가
굽이굽이 청춘고백 중얼대다가
망설이던 고해성사 풀어 놓는다

어금니 앙다물고
참고 참았던 눈물
마침내 터져 나온다

사내가 운다

봄 국

어머니와 함께 밟던 보리밭
새싹이 파릇파릇 올라온다

겨울 끌어안고 있던 어머니
봄 한 줌 뜯어와
국을 끓이신다

홍어애 넣고
푹 삭힌 밤들을 풀어내 끓인
한 솥단지

어머니의 잔기침처럼
씁쓸했던 보릿국

따뜻한 봄비 흐르는 오후
봄 국 맛이 파릇파릇 돋아 오른다

물결무늬

바다를 옮겨온 듯
왁자한 비린내

망원시장 입구 그녀는
붙박이로 앉아 바지락 속살을 캔다

조개가 짠물에 전 발을 내미는 시간

무덤처럼 쌓인 조개껍질은
응답받지 못한 그녀의 기도였을까

얼굴엔 물결무늬 너울이
깊게 패었다

3부

흔들리는 눈빛

원대리*의 가을

자작나무 숲 따라

손등이 하얀 여자
눈물이 많은 여자
나이테가 지워진 여자

나란히
산길을 걷는다

산은 어느새
자작자작

속삭이는 여자들의
다정한 발소리만 따라온다

* 강원도 인제군 원대리 자작나무숲이 유명하다.

시

살다보면 무언가
선명하게 잡힐 줄 알았다

마음 하나 따라가면
가슴에 닿을 줄 알았다

이제는 아니야,
버리려 하면
너의 아름다운 목소리 들렸다

사물들이 발꿈치 들고 살금살금
걸어와 말 걸기 시작했다

나무처럼 무성하게
뻗어가는 너

마음의 곁가지
다듬고 다듬는다

산책

어제는 잔다리로 3안길
오늘은 양화진 4길

절두산 성지 지나
한 사람만 다닐 수 있는
지하도를 건너갑니다

명치에 밝혀둔 촛불이
흔들리지 않도록
발걸음은 느리게 느리게

철 지난 꽃들 화분에 가득한
잡화점 모퉁이에 잠시 앉아
아직 꽃잎 접지 못한 국화를 바라봅니다

갈비뼈에 걸어둔 당신이라는 꽃은
아픈 빛깔로 말라 있고

골목과 골목 사이
작고 어린 새들 눈에 담아
시를 쓰던 사람도 있습니다

내 속에서 시가 되지 못한 말들이
또 다른 산책길로 이끕니다

내일은 망리단길로 나서봐야겠습니다

흔들리는 눈빛

더딘 걸음으로
그림자 하나
골목 지나 사라진다

흙이 엉겨 붙은 길고양이
웅크려있다 일어선 자리
피가 고여 있다

눈가 말라붙은 눈물 자국
어디선가 본 듯한 흔들리는 눈빛

호스피스병동 501호실
신음소리조차 꺼내지 못하던
그녀 닮았다

가뭇없이 사라져 버릴 목숨이
골목 가득 일렁이고 있다

숨

초승달만큼 남은 폐
아직 살아 있는 게 기적이라고 말하던 남자

고장 난 세탁기, 라디오
무엇이든지 잘 고치는 그였지만
고장 난 자기 폐는 수리하지 못했다

산소통과 코를 연결한 두 개의 줄
침대 붙박이가 된 채로
점점 화석처럼 말라가는 남자

폐 속에 그믐이 찾아오는지
아껴가며 숨을 쉬면서
마지막 사랑을 수리하는 남자

침대 옆 지키던 강아지
가끔 킁킁 산소마스크에
코를 대고 있다

두부와 부부

단단한 콩이 얼마나 뭉개져야
두부가 되는지 알고 있다

서로 섞이면서
함께한 시간을 간수처럼 넣고 끓이면
몽글몽글 대화가 피어오른다

전혀 다른 두 사람이
이리저리 깨지고 물러지고
마음을 다해 저어주지 않으면
상처가 눌어붙기도 한다

비릿한 콩이 물을 만나 두부가 되듯이
서툰 사람들로 만나 부부가 되었다

서로의 누름돌이 되어
부부의 틀을 유지하였다

오늘 저녁은 순두부찌개
생각만 해도 배가 부르다

비 오는 고궁에서

지붕 위 어처구니나 바라보면서
오롯이 걷는 거예요

빗방울로 지은 궁궐에 들어가
얽힌 전생을 하나 둘 풀어 놓아요

오늘과 내일 사이 찻상을 두고
연꽃차 한 잔 우려내면서

비에 젖은 처마 희미해진 단청을 따라
고궁의 풍경 속을 느릿느릿

오후를 걸어본 적 있나요
비의 발소리에 귀를 적시며

그냥

전 그냥이에요
그냥 태어나 그냥 살아요
그냥 할 일이 없어서
세상의 그냥에게 그냥 편지를 써요
통유리 안 카페에는 그냥들이 많아요
그냥 하루를 보내는 그냥들
거리에 넘쳐나요
처음엔 저도 그냥이 싫었어요
그런대로 그냥 그냥 살다가 보니
그냥 태어나 그냥 살다가 그냥 죽는 게
인생이란 걸 그냥 알게 되었어요
전 그냥이에요
그냥 태어나 그냥 살다가 그냥 죽을
그렇고 그런
그냥 그냥이에요

곁

하루해가 뉘엿뉘엿 넘어갈 때
한줄기 바람 불어올 때
달도 숨고 별도 사라질 때
아침이 오지 않았으면 싶을 때

곁의 곁을 생각했네

곁의 곁에는 볕이 있네
곁의 곁에는 옆이 있네
곁의 곁에는 사랑이 사네

늘 곁에 있으리라는
별 닮은 약속

홀연히

온기 없는 빈방을
서성이던 그림자

머리맡 접시엔 말라버린 사과 한쪽
수북이 쌓여 있는 약봉지들

마른 입술 사이로
아프게 내뱉은 마지막 신음조차
아무도 듣지 못했다

어둠이 손톱을 물어뜯는 밤
골목길에 고양이만 울음을 풀어 놓았다

야옹 야아옹

어둠을 물고 놀기 좋아했던
어린 고양이

담장 위 꼬리 세우곤
우아한 걸음걸이로
곡선의 등 뽐낸다

야옹 야아옹
허공에 뿌려지는 울음
별처럼 반짝이고

하늘에 초승달 걸어 놓고
달빛 맞으며 그루밍을 한다

만약 고양이에게 말이 있다면
말랑한 발바닥은 사랑과 동의어
우주 같은 푸른 눈은
네가 그립다는 고백일 거다

그르렁 그르렁 온몸으로
사랑한다 말하는 고양이 말을
배울 수 있다면

소년B*

우연한 사고였어요
예고 없이 나타났어요
진짜 마음의 주인처럼 행세했어요

처음부터 가족 얘기는 금기어였는데
어둠이 짙어지기 시작했을 때
엄마가 보고 싶다 말하는 거에요

규칙을 어겨 때린 건데
소년B가 튀어나와
녀석의 숨통을 끊어놓을 줄 정말
몰랐어요

외면해도 달아나도
벗겨지지 않는 또 다른 얼굴
위험한 짐승이 되어
결박하는 소년 B

아무도 눈치 못 채게

나쁜 암시에 걸린 것처럼 숨기지만
한번씩 나와 아무렇지 않은 척
자신을 드러내기도 해요

*소년B는 이보람, 〈소년 B가 사는 집〉 주인공의 분리된 자아이다.

고집스런 아침

불면의 밤이에요
해변의 파도소리는 점점 높아지고
아침은 더디게 오죠

여름과 겨울을 한꺼번에 앓고 있어요
열꽃이 얼굴에 피었다가
금세 성에가 끼기도 해요

푸른 별 고양이가 다가와
어디론가 떠나보라 말해요
오늘 밤은 바다에
작은 배를 띄워야겠어요

엎치락뒤치락 뒤척이는 파도소리에
두르고 있던 나이도 풀어놓고
갈비뼈에 걸린 걱정도 날려버리고
온전히 리듬에 몸을 맡길 거예요

고양이 울음소리에 밤은 더 깊어지고
등대를 찾지 못한 길 잃은 아침은
거센 파도에 막혀 올 생각이 없네요

옥화란

화분을 선물 받았다
파란 줄기만 길게 뻗은 화분

먼지 낀 잎 매일 닦아주다 보니
흐릿하던 정이 초록 초록 생겨난다

두 해 지나 작은 꽃대 밀어 올려
붉은 꽃 몇 송이 피워 놓았다

조금씩 조금씩 솟구쳐
드디어 꿈에 닿은 꽃

옥화란 향기는
시인의 눈빛처럼 그윽했다

악플

무대 위 노래하고 춤추던
진리*라는 아이가 있었지

인형처럼 춤추지 않겠다고
자신의 목소리 찾고 싶다고 했지

세상 소문에 무참히 밟혀
끝내 사라지고 말았지

누구보다 재미있고 누구보다 웃고 싶은
스물다섯 우리의 딸이었지

* 그룹 FX 설리

4부

나무와 새

하얀 동백꽃

동박새 둥지에 깃든 겨울을 지나
통증이 눈동자에 출렁이는 동안
목숨은 물살을 수없이 타고 넘었다

밤의 신음 소리 병상을 맴돌고
환상통의 시간이 밀려들었다

혹 그리움이 있다면
구름 사이에 가려진 달 같은 것이라고
마지막 말 뒤로한 채

바람이 골목마다 감겨드는 밤
바닥엔 하얀 동백 발자국

향기도 없는 달 한 송이
구름 뒤에 떨고 있었다

고양이 호두

소리 없는 그림자

불쑥 나타나는 환영

바람의 갈비뼈 사이
순간을 파고드는 별의 눈빛

창문 타 넘는 달빛동작

발꿈치 사뿐 들고

춤추며 다가오는 발레리나

바람처럼 내 마음 훔쳐 달아나는

영혼의 도둑

코렐 접시

깨지지 않는 그릇이라며
결혼 선물로 접시를 받았다

던져도 깨지지 않는다는 광고에
정말 그럴까 반신반의했다

몇 차례 이사에도 접시는
끄덕 없이 식탁 중앙을 차지했다

접시는 여전히 아침을 함께하는데
접시를 사준 친구와는 몇 번의 오해로 금이 갔다

깨어질세라 조심스럽게 다루었다면
오랫동안 이어지지 않았을까

옆에 있는 사람들 헤아려보는 밤
다정한 접시들 반짝거린다

최강야구*

은퇴한 선수들 모여 한 팀이 되었다
늘어난 몸무게는 다리를 붙잡고
고장 난 팔은 힘이 실리지 않는다

첫 번째 상대는 대학 야구부
잔뜩 긴장한 몸은 좀처럼 풀리지 않는다

흥분해선 안 돼 먼저 분위기를 가져와야 해
투수와 타자의 기 싸움이 대단하다
요즘은 변화구보다 직구다

한 방이 필요한 시간
달아나면 쫓아오고 쫓아가면 달아나고
한 치 앞도 알 수 없는 공의 세계

* JTBC 야구 예능 방송

아무도 없는 집

막다른 골목 파란 대문 집
등 굽은 엄마 마루에 걸터앉아
달빛 맞으며 누군가 기다리고 있다

누렁 강아지 달 보며
컹컹 짖어대고
기다리는 손님은 소식이 없다

보름달이 채워갈 때쯤
온 가족 모여 송편 빚고
밥알 동동 띄워 식혜 먹는다

우물가 옆 가마솥, 아버지 좋아하시던
쇠고기뭇국 팔팔 끓고
멀리서 들려오는 오빠들
시끌벅적 엄마 부르는 소리
들리지 않는다

지금은

무성한 풀들만 마당에 가득해
먼지만 쌓인 마루
엄마 모습 보이지 않고

움푹한 돌절구 안에
달빛 가루만 삭아가는
아무도 없는 집

광합성

빛 없는 방
스무 살 너는 햇빛을 동경했다

이름을 갖고 싶어 무엇이 될까 꿈꾸지만
그 꿈은 신기루

그늘 속에 얼굴 감추며
그림자 없는 또 다른 너를 만들고
음지 식물 되었다

살고 싶다 말하는 너에게
초록 잎을 키워보라 말하지만
햇빛을 받지 못한
누런 떡잎이 되었다

커다란 잎을 꿈꾸던 스무 살은
빛 없는 방에 갇혀
광합성을 꿈꾸고만 있다

박새

창문으로 날아와
무어라고 무어라고
조잘댄다

무슨 말을 하는 걸까

박새처럼 재잘거리는 딸들,
어떤 얘기 하는 걸까
엄마는 듣고 싶은 말만 듣는다며
한마디 한다

번번이 못 알아듣고
엉뚱한 말만 건넨다

때로는 잘 모르는데도
알아듣는 척 웃음으로 얼버무리기도 한다

내게 박새의 귀가 있다면
즐거운 노래로 대답해 줄 텐데

국화차

이슬 머금고 자란
어린 국화꽃,
맑은 햇살에 곱게 말려
찻잔에 우려낸다

모양도 없이 웅크리고 있던 꽃들
물을 머금고 활짝 피었다

시끄러운 세상살이
잠시 쉬어가는 시간

국화차 마시며 꽃 같은 말 피우고 싶어
입 안 가득 꽃향기 머금고 있다

세미원

가랑비 내리는 날
두물머리에 간다

넓게 펼친 연잎 위에
연등으로 피어난 꽃들
우중화원이 따로 없다

진흙에서 피어난 순결의 시간
얼마나 오래 견디며
피운 꽃일까

마음 순해지고 싶은 날
세미원에 간다

오랫동안 연꽃 눈에 담아
두 손 합장하며
환한 미소 가득 안고 돌아온다

텔레비전

전자회사 다니던 큰 오빠
내 앉은키보다 큰
다리 달린 텔레비전 사왔다

마을에 몇 대 없는 텔레비전
귀하고 귀한 손님처럼
안방 중앙 자리를 차지하고
엄마의 자랑, 동네 사람들
사랑을 한 몸에 받았다

낯선 사람처럼 어렵던 큰 오빠
어느 가을날 심장 박동을 멈추었다
엄마도 세상의 모든 것을 잃었다

수재라 칭찬 받던 대들보는 가고
요술 상자는 아무 일도 없다는 듯
오랫동안 우두커니 방 안에 남았다

엄마는 슬픈 드라마처럼 살다가 떠났고
나는 여전히 텔레비전을
바라보며 살고 있다

이카로스

문화 비축기지 공원
하늘에 뻗은 한줄기 빛
들려오는 푸른 피아노 소리

공중에 매달린 둥근 마차 속
빨주노초파남보
빛을 뿜어내며 노래하고 춤춘다

허공을 향해 아슬아슬 올라가는
광대들
불꽃 터트리며 줄을 탄다

화려한 공연은 끝나고
마지막 불꽃 꺼질 때

추락할 줄 모르고
태양을 향해 날아오르는
이카로스처럼

어디를 향해 가느냐고
무엇을 위해 사느냐고

한 줄기 빛은 묻고 또 묻는다

그녀

붉은 입술이 봄을 낭독했다

살랑거리는 목소리
봄바람처럼
햇살 불러 모으더니
겨울잠 깨어나듯 기지개 켠다

홍매화 같은 볼에
이른 연초록 목소리 묻어있다

나풀거리는 날개옷 입고
가장 먼저 복수초로 피어난다

복사꽃 같은 시절을 가진 그녀
눈과 귀 호강시키고
봄의 시를 불러오는 중이다

소리상회

오래된 공방 없어지고
새로운 가게 생겼다

어떤 가게일까

며칠 후 〈소리상회〉 간판이 달렸다
소리를 파는 가게라니
어떤 소리를 팔까?

산수유 꽃망울 터지는 소리
눈 위에 찍힌 참새의 발자국소리
북극 하늘에 쏟아지는 오로라소리 있다면

비싼 값을 주고라도 제일 먼저
달려가 사러 갈 텐데

오늘을 자전거에 태우고

주저앉고 싶은 날
한강변으로 자전거 수행을 떠난다

강물 위 지는 해 바라보며
가라앉는 생각 하나 던져 놓고
묵주를 돌리듯 페달을 밟는다

나무 위 새들도 날아가고
물오리들 저녁 공양 몰두할 때

구불구불한 하루 뒷자리에 태우고
움푹 들어간 물웅덩이 피해
오르막 내리막 지나
숨이 차오를 때까지 달린다

뼈마디가 뻐근해지면
조금씩 느슨해지는 바큇살
심장은 다시 뜨거워진다

온 길 돌아보면 어느새
자전거는 나를 업고
밤의 정원으로 들어서고 있다

나무와 새

새는 날갯죽지에 이별을 숨기고
이파리를 흔들며 떠났다

긴 꼬리를 남긴 유성처럼
나무가 듣던 새의 울음은
밤을 흔들어 놓고 하늘로 날아갔다

나무는 바람이 물어다준 '보고싶다'라는 말을
허공에 썼다 지우고
밤하늘의 별 보며 새를 그리워했다

나무가 그리우면 새는
별똥을 누며 눈물 흘리곤 했다

평설

아프게 반짝이는 주문呪文

– 김도희의 시세계 –

임문혁
(시인, 문학평론가)

아프게 반짝이는 주문呪文

- 김도희의 시세계 -

임문혁(시인, 문학평론가)

뜻[情]이 절실하여 말이 되고, 말이 정밀하여 글이 되며, 글이 정밀하여 시가 된다고 했던가. 시가 정밀하면 사람의 가슴을 울린다.

사람들은 시인을 가리켜 구도자와 같은 사람이라고들 말한다. 아마 그럴 것이다. 그렇지만 같은 구도자라고 해도 시인마다 추구하는 구도의 길이 서로 같지는 않으리라. 어떤 시인들은 시를 통해 세상의 변혁을 꿈꾸기도 하고, 어떤 시인들은 세상을 넘어선 경지의 초월적인 세계에 도달하기 위해 시를 쓰기도 하고, 또 다른 시인들은 쉽게 도달할 수 없는 정신적 깊이에 다가서기 위해 시적 언어를 찾아 나서기도 할 것이다.

그렇다면 김도희 시인은 어떤 구도자일까? 생각건대 김 시인은 아마도 자기극복, 자기 구원의 구도자가 아닐까 하는 생각을 해본다. 〈시인의 말〉에서 김 시인은 '시를 쓰는 것은 어둠 속에서 별을 낳는 일'이라고 했다. 그러면서도 '슬프지 않으려고 생각의 씨앗들을 가슴에 묻어두었다'고 고백한다. 그렇게 슬픔 속에 살다가 문득 어둠에 묻힌 말들을 일깨워 아프게 반짝이는 주문과 같은 시를 쓴다고 귀띔해 준다.

시인은 왜 슬프지 않으려 생각의 씨앗들을 가슴에 깊이 묻어 두었을까? 그리고 묻어둔 슬픔의 씨앗들, 어둠에 묻힌 말들을 일깨워 주문을 걸게 한 힘은 무엇일까? 나는 그것이 슬픔의 힘이요, 시의 힘이 아닐까 짐작해본다. 그렇다면, 김도희 시인의 슬픔의 뿌리는 무엇일까? 나는 시를 읽으며 그의 슬픔의 뿌리를 발견한 순간 이 말을 밖으로 꺼내기가 망설여졌다. 나도 가슴이 저려왔기 때문이다. 그러나 진실을 외면할 수는 없고, 시인이 지금은 그래도 많이 극복했고, 시를 통해 자기구원을 이루어 가고 있음을 확인할 수 있었기에 조심스럽게 이글을 계속 이어가기로 한다.

김도희 시인의 슬픔의 뿌리는 이별의 아픔이다. 이별 그 중에서도 가장 아픈 이별- 죽음이 갈라놓은 마지막 이별이다.

1. 슬픔의 뿌리 - 이별

해설을 위해 넘겨 준 원고 뭉치를 펼치고 시를 읽어나갔다. 멀리 갈 필요도 없이 딱 두 번째 시 「라일락의 방 한 칸」에서 김도희 시인의 슬픔의 뿌리를 발견할 수 있었다. 그리고 그 뒤에 이어진 여러 편의 시에서 그 사실을 확인할 수 있었다.

아침이면 두부장수 종소리 울리고
공동 화장실이 있던 미아동 852번지

청춘이면 뭐든 다 괜찮아
사랑 하나면 다 되는 줄 알았지

유리창에 햇살이 비치면
그 남자 하루 배달을 시작하고
그 여자 종일 설거지통에서 꿈을 건졌지

오토바이가 빗길에 미끄러지던 날
운명은 그들 편이 아니었나 봐

쪽방 앞 라일락
마지막 꽃잎 뚝뚝 떨어트렸지

–「라일락의 방 한 칸」 전문

1900년대 '아침이면 두부장수 종소리 울리고 공동 화장실이 있던' 도시 변두리 마을에 비록 가난한 쪽방 살림이었지만 사랑 하나면 되는 줄 알았던 젊은 부부는 유리창에 비치는 햇살처럼 살았다. 남자는 열심히 배달을 하고 여자는 물에 손이 다 불어도 설거지통에서 꿈을 건졌다. 그러던 어느 날 빗길에 오토바이가 미끄러지며 운명은 그들을 덮쳤다. 쪽방 앞 라일락 마지막 꽃잎은 그렇게 뚝 떨어지고 말았다. 이렇게 마지막 꽃잎 뚝 떨어진 아픔은 시인의 슬픔의 뿌리가 되었다. 빗물에 마지막 떨어진 꽃잎과 빗길에 미끄러진 오토바이의 이미지가 슬프도록 명징하다.

아마 시인에게는 이 시 외에도 이별의 아픔을 노래한 시가 여러 편이 더 있을 것이다. 그러나 시인은 더 이상 슬퍼하지 않으려고 또 누군가를 슬퍼하지 않도록 배려하는 마음으로 그 시편들을 남몰래 속 깊이 묻어두었을 것이다. 이러한 생각에 이르자 깨어진 사금파리가 날카롭게 반짝이며 내 가슴도 아프게 찔러 왔다. 그럼에도 불구하고 이 한 편의 시는 끝내 감출 수 없었을 것이다.

순교자 이름을 하나하나 읽어내려 가다
'김도희'

내 이름 앞에 눈길 멎는다

도희는 눈 감는 순간 천국을 보았을까
흔들리지 않는 믿음 위해 시험 이겨내고
무릎을 꿇었을까

슬쩍 건드리기만 해도
풀썩 주저앉을 뼈아픈 영혼

- 「신리성지」 부분

운명적인 죽음에서 촉발된 트라우마는 자기와 같은 이름을 가진 한 순교자의 죽음을 통해(「신리성지」) 자신의 죽음도 진지하게 돌아보게 만들었고, 병마에 쓰러지셔서(「아버지가 가렵다」) 병상에 누워계시다가(「아버지」) 끝내는 시인 곁을 떠나신 아버지, 그 부재를 복숭아라든지 날개 잃고 벽에 매달려 돌아가는 선풍기와 같은 객관적 상관물을 끌어와 슬픔을 절실하게 표현하고 있는 것이다.

노을도 분홍빛으로 익어갈 때
바람에 복숭아 떨어지듯
아버지가 쓰러졌다

목욕탕 바닥에 부딪힌 얼굴에
낙과처럼 짓무른 상처

아버지가 좋아하시던 복숭아 먹을 때마다
피부가 울퉁불퉁 부풀어 올랐다

껍질을 벗겨내도
온몸이 가려웠다

–「아버지가 가렵다」 부분

날개도 없이 돌아간다
벽에 걸어 둔 선풍기 수십 대

바람은 사라지고 몸체만
시간 속에 돌아가고 있다

날개 잃고 누워만 있던
아버지를 닮았다

–「아버지」 부분

바람에 떨어진 복숭아를 보면 어느 날 갑자기 쓰러진 아버지가 생각나고, 그 트라우마로 인하여 복숭아를 먹을 때마다 온몸이 울퉁불퉁 부어오르기도 한다.(시「아버지가 가렵다」) 그런가 하면 벽에 걸린 날개 없는 선풍기에서 건강을 잃고 병상에 누워계시던 날개 떨어진 아버지를 보아낸다. (「아버지」)

이렇게 소중한 사람들은 새처럼 '날갯죽지에 이별을 숨기고 / 이파리를 흔들며' 하나 둘 시인의 곁을 떠난다. '긴 꼬리를 남긴 유성처럼 울음은 밤을 흔들어 놓고 하늘로 날아갔다.' 시인은 '보고 싶다는 말을 허공에 썼다 지우고, 밤하늘의 별을 보며' 떠난 사람을 그리워했다. '별똥을 누며 눈물을' 흘리곤 했다. (「나무와 새」)

죽음의 아픈 그림자는 시집 여기저기에 구석구석 깔려 있다. 환상통이 밀려와 밤새 신음 토하며 지새는 환자의 모습이 고통스럽게 떠오른다. 눈빛에 목숨을 위협하는 죽음의 물살이 수없이 출렁이며 생과 사의 경계를 타넘는다. 마지막 말을 뒤로한 채 동백꽃처럼 지고 만 가족의 죽음(「하얀 동백꽃」)이 있고, 뇌종양을 앓다가 한순간에 져버린 친구(「벚꽃 내리다」)의 죽음도 있다. 그런가 하면 악플에 시달리다 스스로 목숨을 끊은 아이돌 그룹의 어린 가수의 죽음도(「악플」) 있다.

동박새 둥지에 깃든 겨울을 지나
통증이 눈동자에 출렁이는 동안
목숨은 물살을 수없이 타고 넘었다

밤의 신음 소리 병상을 맴돌고

환상통의 시간이 밀려들었다

혹 그리움이 있다면
구름 사이에 가려진 달 같은 것이라고
마지막 말 뒤로한 채

－「하얀 동백꽃」 부분

뇌종양 앓다가
한순간에 져버린
너

날아가려는
벚꽃 위에

이승의 기억
잊지 마라

돌 하나 눌러두고
뒤돌아서 내려온다

－「벚꽃 내리다」 부분

무대 위 노래하고 춤추던
진리라는 아이가 있었지

인형처럼 춤추지 않겠다고

자신의 목소리 찾고 싶다고 했지

세상 소문에 무참히 밟혀
끝내 사라지고 말았지

-「악플」 부분

지금까지 우리가 살펴본 것처럼 김도희 시인의 삶과 시를 받치고 있는 정서의 근원은 슬픔이며, 그 슬픔의 뿌리는 죽음이다.

그리하여, 시인은 '한랭전선과 온난전선 사이에 끼어 밤마다 쇄골 뼈에 묻어둔 까마귀를 불러내 칠흑 같은 노래' 즉 어둡고 슬픈 시를 썼고, '까악까악 울음으로 깨어나고, 거울 속 그림자와 화음을 맞춰보는 것이' 그녀의 방식이 되었다.(「그녀의 방식」)

한랭전선과 온난전선 사이에
끼어버린 밤

쇄골뼈에 묻어 둔 까마귀
불러내
칠흑 같은 노래를 만들어요

오선지에 그려 넣은 음표들
까악까악 울음으로 깨어나는 시간

거울 속 그림자와 화음을 맞춰보는 건
그녀의 방식이에요

-「그녀의 방식」 부분

아픔의 골짜기에 끼어버린 밤 어둠 속에 묻어둔 슬픔 불러내 칠흑 같은 노래를 만들고, 노래의 힘으로 '슬픔을 모아 불을' 지핌으로 이 시집의 제목이 된 슬프고도 아름다운 시 「슬픔을 모아 불 지펴요」가 탄생한 것이다.

흔들리는 코스모스의 말을 전할 수 있을까요
지금은 모든 것이 위태로워 안부를 묻기도
버거운데 말이죠

도둑맞은 시간처럼 하루가 빨리 지나가요
눈물 마른 억새꽃은 과거 쪽으로 누워 있고요
단풍나무 씨앗들은 후회의 둘레를 빙빙 돌고 있는데

꽃무릇과 함께 사라진 계절은
이따금 슬픔을 모아 불 지펴요

이 붉은 단풍을 당신께 전할 수 있을까요
오늘은 겨우 익혀낸 사과의 얼굴을
바라보기도 힘든데 말이죠

-「슬픔을 모아 불 지펴요」 부문

2. 타자의 아픔

시인의 영혼은 본능적으로 고통을 응시한다. 삶의 고통 속에서 시가 태어나기 때문이다. 시인들이 세계와 고통에 대해 끊임없이 질문하는 이유도 여기에 있다. 그 고통을 승화시킬 수 있는 것이 바로 슬픔에 대한 공감과 타자에 대한 사랑과 연민일 것이다.

슬픔은 피동적 감동이 아니다. 고통과 절망을 껴안으며 동시에 그것을 넘어서는 능동적 감동이다. 시인이 지금까지 시를 쓸 수 있었던 가장 큰 이유를 찾는다면 '슬픔'이라는 감정의 씨앗을 헛되이 낭비하지 않으려 했기 때문이 아닐까 생각해본다. 박노해 시인이 '사랑한 만큼 슬픈 거니까 울지 말라고', '슬픔의 힘으로 가는 거라고, 슬픔이 터져 빛이 될 거'라고 말하지 않았던가. 천양희 시인도 '웃음과 울음이 같은 음이라고, 어둠과 빛이 다른 색이 아니라'고 말하지 않았던가. '웃음의 절정이 울음이고 어둠의 맨 끝이 빛이라고, 빛이란 이따금 어둠을 지불해야 쐴 수 있다'고 말하지 않았던가.

김도희 시인은 가난하고 병들고 소외된 사람들, 삶의 그늘에 덮인 사람들에게 주목注目하고 슬픔의 힘으로 고통

속에 있는 타자를 공감하고 안아주고 위로해 준다.

프리다 칼로는 멕시코의 초현실주의 화가다. 삶의 고통을 작품으로 승화시킨 화가로 유명하다. 김도희 시인은 이러한 프리다 칼로를 주목하고 프리다 칼로에게서 자신의 슬픔을 읽지 않았을까.

검붉은 드레스 입고 인형처럼 누워
천장 가득한 거울을 올려다본다

청동빛 녹슨 눈망울에
거울에 갇힌 굴절된 얼굴을
무표정한 보랏빛으로 그려 낸다

잃어버린 몸통, 뒤엉킨 신경뭉치,
바람의 손가락들, 네모난 별

흘러내리는 슬픔의 기억
고통을 녹여 물감 풀어내듯이

색깔마다 다른 이야기
자화상이 태어난다

–「아픔을 그리다」 전문

뒤틀린 어깨, 거친 등, 그을린 얼굴에 울퉁불퉁 드러난 이를 가진 사내라면 이 거친 세상에서 얼마나 힘겹게 삶을 이어가는 사내이겠는가. 한 사내가 지나온 자신의 삶을 되돌아보며 울고 있다. 젊은 날의 애달픈 사랑도 있으리라. 얼룩진 과거도 있으리라. 고해성사하듯 슬픔과 고통을 풀어놓으며 울고 있는 사내.

톱 연주를 들으며 악기로 연주되는 톱을 한 사내로 의인화하여 그의 고통과 슬픔을 잘 형상화시켰다.

온몸으로 운다

뒤틀린 어깨, 거친 등
그을린 얼굴
울퉁불퉁 드러난 이

가슴 언저리 쓰다듬듯
등허리 어루만지듯
활대 잡은 손을 떨며
사내가 흐느낀다

어금니 앙다물고
참고 참았던 눈물
마침내 터져 나온다

사내가 운다

－「사내가 운다」 부문

김 시인의 시선은 타자의 고통과 슬픔에 대한 사랑과 연민으로 그렁그렁하다. 목발 짚고 고물을 수집하여 리어카에 싣고 가파른 언덕길을 오르는 남자를 향하는가 하면 (「흔들리는 남자」), 고장 난 기계들을 수리하는 환자 수리공 남자에 머물기도 한다. (「숨」)

창천동 오르막길
목발 짚고 걷는다

가장이라는 짐을 지고
뒤죽박죽 쌓아 놓은 고물 사이로
휘청거리며 걸음 옮긴다

찌그러진 깡통과 깨진 고무 대야
고장 난 텔레비전과 목이 꺾인 선풍기
창천동 그 길에는 고물들만 모여들고

리어카에 실려 온 폐지들을
구석 옹벽 앞에 쌓으면서
목발이 더 가늘어졌다

-「흔들리는 남자」 부분

초승달만큼 남은 폐
아직 살아 있는 게 기적이라고 말하던 남자

고장 난 세탁기, 라디오
무엇이든지 잘 고치는 그였지만
고장 난 자기 폐는 수리하지 못했다

산소통과 코를 연결한 두 개의 줄
침대 붙박이가 된 채로
점점 화석처럼 말라가는 남자

폐 속에 그믐이 찾아오는지
아껴가며 숨을 쉬면서
마지막 사랑을 수리하는 남자

-「숨」 부분

그런가 하면 슬픔과 고통을 향한 시인의 사랑과 연민의 시선은 사람뿐 아니라 동물들에게까지도 향하고 있다.

흙이 엉겨 붙은 길고양이
웅크려있다 일어선 자리
피가 고여 있다

눈가 말라붙은 눈물 자국
어디선가 본 듯한 흔들리는 눈빛

호스피스병동 501호실
신음소리조차 꺼내지 못하던

그녀 닮았다

가뭇없이 사라져 버릴 목숨이
골목 가득 일렁이고 있다

-「흔들리는 눈빛」 부분

3. 아프게 반짝이는 주문

이러한 슬픔과 아픔은 시인의 따뜻한 사랑과 연민 속에서 새로운 봄기운으로 새싹 보리처럼 돋아난다. 사물들이 발꿈치를 들고 살금살금 걸어와 말을 걸기 시작한다.(「시」) 시인은 가슴속에 묻어둔 말들을 깨워 아프게 반짝이는 주문을 외기 시작한다. 말들은 점점 무성하게 자라나고 나무처럼 가지를 뻗어간다. 이제 시인의 시는 새로운 세계를 여는 주문이 된다. 시를 쓰는 것은 어둠 속에서 별을 낳는 일이라고 시인은 고백하고 있다. 이제 슬픔은 아프게 반짝이는 별이 되어 새로운 세계를 비춘다.

만손초를 키우면 부자가 된다며
종이컵에 작은 씨앗을 손님이 가져왔다

화분에 옮겨 심고
매일 기다려도 잎이 올라올 기미가 없다

개나리꽃 몽우리 부풀 때쯤
작은 잎 하나 고개 내밀더니
며칠 만에 연둣빛으로 가득하다

잎들이 어찌나 빠르게 크는지
감당이 안될 만큼 여기 저기
돋아나 번진다

끝없이 낳고 낳는 화수분처럼
점점 손님도 많아진다

만손초 이름값을 한다

–「만손초」 전문

만손초가 빠르게 자라고 왕성하게 번지듯이 시인의 딸들은 예쁘게 성장한다. 창문으로 날아와 무어라고 조잘대는 박새처럼 귀여운 딸들은 엄마에게 조잘조잘 이야기를 들려준다. 밖에서 만난 친구 이야기, 대학에서 공부하고 알바일 하면서 겪은 이야기, 자기들의 꿈과 소망에 관한 이야기 등등 끝도 없으리라. 그러나 딸들의 말은 때로 박새의 말을 닮았는지 잘 알아들을 수 없을 때도 있다. 그래도 그들과 어울리려고 알아들은 척 웃음으로 얼버무리기도 하고 때로 엉뚱한 대답을 하는 바람에 무안을 당하기도 한다.(「박새」).

시인은 이제 박새의 귀를 얻어 그들의 말을 알아듣고 다른 세계의 동식물과도 이야기를 나눌 수 있는 그러한 시를 지향하지 않을까 하는 즐거운 상상을 해본다.

무슨 말을 하는 걸까

박새처럼 재잘거리는 딸들,
어떤 얘기 하는 걸까
엄마는 듣고 싶은 말만 듣는다며
한마디 한다

번번이 못 알아듣고
엉뚱한 말만 건넨다

때로는 잘 모르는데도
알아듣는 척 웃음으로 얼버무리기도 한다

내게 박새의 귀가 있다면
즐거운 노래로 대답해 줄 텐데

－「박새」 부분

박새 같은 딸들은 이제 독립하여 새 둥지를 틀었다. 엄마를 초대하여 자기들이 직접 만든 이름도 특이한 새로운 요리를 대접한다.(「데칼코마니」)

딸과 엄마는 반으로 접어 눌렀다가 펼쳤을 때 나타나는 대칭적·환상적 아름다움, 잔잔한 행복을 만들어내는 중이다.

독립한 딸의 초대를 받았다
한 칸짜리 아파트로 이사한 지 한 달
방안은 온통 무지개가 떴다

토마토, 가지, 호박 어설프게 썰어
가지런히 오븐에 굽고
식탁에 차려낸 라따뚜이*

오늘은 앉아 대접만 받으란다

음식을 사이에 두고 마주앉았다
한쪽은 조금씩 꽃잎을 접고
한쪽은 이제 막 봉우리 열기 시작한

서로 마주보며 웃는데
햇빛이 접었다 펼쳐놓은 저녁
이마에 닮은 노을 무늬 새겨진다

-「데칼코마니」 부분

시인은 이제 딸들뿐 아니라 애완동물 야옹이 '호두'와 함께 친밀한 정과 사랑을 나누며 행복한 삶을 누리고 있다.(「야옹 야아옹」) 야옹이 '호두'는 시인의 '마음을 훔쳐 달아나는 영혼의 도둑'이 되었다(「고양이 호두」)고 말할 정도로 반려동물에 깊이 빠져 있음을 실토하고 있다.

앞으로 시인은 어쩌면 고양이의 말을 배워 동물들과 대화를 나누고 거기서 얻은 새로운 정서로 특별한 시의 경지를 펼칠지도 모를 일이다.

담장 위 꼬리 세우곤
우아한 걸음걸이로
곡선의 등 뽐낸다

야옹 야아옹
허공에 뿌려지는 울음
별처럼 반짝이고

하늘에 초승달 걸어 놓고
달빛 맞으며 그루밍을 한다

그르렁 그르렁 온몸으로
사랑한다 말하는 고양이 말을
배울 수 있다면

－「야옹 야아옹」 부분

이러한 저간의 상황은 시인이 일하는 미용실에서도 유

쾌하고 보람 있게 펼쳐진다. 시인은 연세 드신 할머니 손님도 10년은 젊게, 꽃처럼 곱게 열여덟 꽃봉오리로 피워 드린다. 꽃 피는 미용실에서는 웃음소리가 그치지 않는다. 덩달아 시인의 삶도 젊고 아름답게 동백꽃처럼 피어오르고 있다. 시인에게 추운 겨울은 다 지나가고 꽃 피는 봄날이 온 것이다.

-어떻게 해드릴까요?

-십 년만 더 젊게 해줘!
-무조건 예뻐 보이게!

물기 빠져버린 입술에
동백꽃 지고
벌어진 앞니 사이로
가벼운 농담이 새어 나온다

-강물은 흐르고 꽃은 시드는데 말이야
-마음은 아직도 열여덟 꽃봉오리야

빛바랜 머릿결마다
꽃물을 다시 들이고
꾸벅꾸벅 꿈길을 걷는 할머니

-「동백 미장원」 부문

4. 페달을 밟으며

이제 앞으로 김도희 시인은 더 새로운 세계로 나아갈 것이고 새로운 시를 쓰게 될 것이다. '산수유 꽃망울 터지는 소리'에 귀를 기울이고, '눈 위에 찍힌 참새의 발자국' 같은 것에 마음의 눈길도 주며, '북극 하늘에 쏟아지는 오로라' 같은 세계를 추구하며 (「소리상회」) 새로운 진경을 펼쳐갈 것이다.

산수유 꽃망울 터지는 소리
눈 위에 찍힌 참새의 발자국소리
북극 하늘에 쏟아지는 오로라소리 있다면

비싼 값을 주고라도 제일 먼저
달려가 사러 갈 텐데

-「소리상회」 부분

주저앉고 싶은 날
한강변으로 자전거 수행을 떠난다

강물 위 지는 해 바라보며
가라앉는 생각 하나 던져 놓고
묵주를 돌리듯 페달을 밟는다

나무 위 새들도 날아가고
물오리들 저녁 공양 몰두할 때

구불구불한 하루 뒷자리에 태우고
움푹 들어간 물웅덩이 피해
오르막 내리막 지나
숨이 차오를 때까지 달린다

뼈마디가 뻐근해지면
조금씩 느슨해지는 바큇살
심장은 다시 뜨거워진다

-「오늘을 자전거에 태우고」 부분

이제 시인은 오늘을 자전거에 태우고 새로운 세계로 내일을 향해 힘차게 페달을 밟는다.

시와 같은 삶을 향해 뜨거운 심장으로 은빛 반짝이는 아름다운 바퀴를 힘차게 굴려가기를 기원하며 응원의 박수를 보낸다.